Inglês para o dia a dia
English for everyday life

Inglês para o dia a dia

English for everyday life

Tradução
Carlos Antonio Lourival de Lima
Egisvanda Isys de Almeida Sandes

martins fontes
selo martins

© 2009 Martins Editora Livraria Ltda., São Paulo, para a presente edição.
© Difusión, Centro de Investigación y Publicaciones de Idiomas, S.L., Barcelona, 2007

Desenho da capa: *Nora Grosse, Enric Jardí*
Fotografia da capa: *Jorge Aragonés*
Ilustrações: *Roger Zanni*
Material auditivo (CD incluso no final do livro)
Vozes: *Katia Coppola, Gilberto Smaniotto*
Gravação: *Estúdio Produssom, São Paulo*
    CYO Studios, Barcelona
Sonoplastia: *Rafael Guedes*

Publisher: *Evandro Mendonça Martins Fontes*
Coordenação editorial: *Vanessa Faleck*
Produção editorial: *Luciane Helena Gomide*
Diagramação: *Triall Composição Editorial Ltda.*
Revisão técnica: *Lígia Maria Fernandes Diniz*
Revisão: *Carolina Hidalgo Castelani*
    Denise R. Camargo
    Dinarte Zorzanelli da Silva

Dados Internacionais de Catalogação na Publicação (CIP)
(Câmara Brasileira do Livro, SP, Brasil)

Inglês para o dia a dia / tradução Carlos Antonio Lourival de Lima, Egisvanda Isys de Almeida Sandes. – São Paulo : Martins, 2009. – (Coleção Pons)

Título original: Inglés de cada día – English for everyday life.
Inclui CD.
ISBN 978-85-61635-18-3

1. Inglês – Estudo e ensino I. Série.

09-02432   CDD-420.7

Índices para catálogo sistemático:

1. Inglês : Estudo e ensino   420.7

Todos os direitos desta edição no Brasil reservados à
Martins Editora Livraria Ltda.
Av. Dr. Arnaldo, 2076
01255-000 São Paulo SP Brasil
Tel.(11) 3116.0000
info@emartinsfontes.com.br
www.emartinsfontes.com.br

ÍNDICE

Introdução	7
Algumas ideias sobre a língua inglesa	11
Breve história da língua	11
Escrita	12
Pronúncia	12
Saudar (Faixa 1)	19
Despedir-se (Faixa 2)	20
Informação pessoal	21
Nome (Faixa 3)	21
Origem (Faixa 4)	21
Profissão (Faixa 5)	22
Residência (Faixa 6)	22
Idade (Faixa 7)	23
Apresentações (Faixa 8)	27
Ao telefone (Faixa 9)	29
Controle da comunicação (Faixa 10)	31
Expressões de tempo (Faixa 11)	33
Data (Faixa 12)	34
Hora (Faixa 13)	35
Partes do dia (Faixa 14)	35
Frequência e costumes (Faixa 15)	39
Quantidades / Intensidade (Faixa 16)	41
Posse (Faixa 17)	42
Descrever / Comparar coisas (Faixa 18)	43
Nas compras (Faixa 19)	46
Descrever pessoas (Faixa 20)	50
Encontros e convites / Lazer (Faixa 21)	53
Sentimentos e sensações (Faixa 22)	55
Meteorologia (Faixa 23)	58
Gostos, interesses e preferências (Faixa 24)	59
Opinar / Avaliar / Discutir (Faixa 25)	60
Causa / Consequência (Faixa 26)	63

Níveis de certeza (Faixa 27)	64
Pedir desculpas (Faixa 28)	65
Agradecer (Faixa 29)	66
Parabenizar (Faixa 30)	67
Lugares (Faixa 31)	68
Viagens e transportes	74
Carro (Faixa 32)	74
Trem (Faixa 33)	74
Aeroporto (Faixa 34)	75
Outras situações (Faixa 35)	75
Hotel (Faixa 36)	76
Bar e restaurante (Faixa 37)	80
Números	84
Números cardinais	84
Números ordinais	85
Avisos / Cartazes públicos	86
Gramática	89
Os substantivos	89
Os adjetivos	90
Os artigos	92
Os possessivos	94
Os demonstrativos	95
Os pronomes pessoais	96
A interrogação	97
A negação	98
There is e *there are*	99
Os tempos verbais	100
O futuro	104
Dois verbos especiais: *to be* e *to have*	106
Alguns verbos modais	108

Introdução

O manual Inglês para o dia a dia foi pensado para a prática e a memorização, com rapidez e comodidade, de expressões e vocabulário mais comuns nas mais diversas situações cotidianas nos países de língua inglesa. O objetivo principal é aperfeiçoar o conhecimento de quem o utiliza por meio do método da autoaprendizagem.

O enfoque bidirecional do manual faz que seja especialmente indicado também para quem fala inglês e quer aprender o português.

Inglês para o dia a dia é constituído de:

- uma apresentação da língua, sua história, seus usos e questões fonéticas, todas as frases em português com sua respectiva tradução para o inglês, um vocabulário para cada situação de comunicação e questões gramaticais.

- um CD com as expressões e as frases gravadas em português e em inglês (tanto em arquivos de áudio CDA quanto em MP3), agrupadas em 26 blocos temáticos, de acordo com as situações mais comuns de uso.

O manual pode ser usado para várias finalidades:

- *Para comparar expressões.* Escute o CD com atenção: você verá que, após cada frase ou expressão em português, há uma pausa para que você possa se lembrar de como se diria em inglês. Em seguida, você escutará outra frase equivalente que se costuma usar na mesma situação.

- *Para melhorar a pronúncia.* Basta repetir as frases em inglês ou em português. Para isso, aperte os botões de pausa ou retrocesso de seu aparelho.

- *Para memorizar.* Muitos estudantes de idiomas aprendem com mais facilidade ouvindo o que leem. Trata-se de uma boa maneira de aprender.

- *Para se autoavaliar.* Basta cobrir com uma folha a parte das expressões em inglês e tentar traduzir aquelas em português, e vice-versa.

À medida que faz isso, confira se a resposta está correta ou não. No entanto, há outras maneiras de se aprender. Se tiver oportunidade de praticar com um nativo, esqueça a timidez: aprende-se línguas lendo e... falando.

Boa sorte!

Introduction

The **Inglês para o dia a dia** manual was designed to make it easy and convenient for students of English to practise and memorise the vocabulary and expressions that are most frequently used in a wide variety of everyday situations in English-speaking countries. Its primary objective is to help learners improve their knowledge through self-study. Plus, the fact that the manual was developed to work both ways means that it is also highly suitable for English speakers who would like to learn Portuguese.

Inglês para o dia a dia consists of:

- An introduction to English language, history, uses and phonetics, all of the phrases in Portuguese with an English translation, vocabulary for a wide range of communication situations, and a grammar guide.

- A CD with the expressions and phrases recorded in English and Portuguese (as both MP3 files and CDA tracks) and grouped into 26 topics, according to the situations where they are generally used.

The manual may be used with several goals in mind:

- *To compare expressions.* Listen carefully to the CD. You'll see that after every phrase or expression in Portuguese, there is a pause for you to try to remember how to say it in English. A few seconds later, you'll hear the equivalent expression typically used in the same situation.

- *To improve your pronunciation.* All you have to do is repeat the phrases in English or in Portuguese. To do so, you can use the pause and rewind buttons on your CD player.

- *To memorise.* Many language students find it helpful to listen to what they read. This is an excellent way to learn.

- *To quiz yourself.* All you have to do is cover up the expressions in English with a sheet of paper and try to translate them into Portuguese, or the other way around. As you go, check to see whether or not your answer is correct.

This being said, there are also many other ways to learn. If you have the chance to practise with a native speaker, don't be shy! Languages are learned by reading them… and speaking them.

Good luck!

Algumas ideias sobre a língua inglesa

Breve história da língua

Com mais de 500 milhões de falantes (somados tanto os que têm o inglês como língua materna quanto os que o têm como segunda língua), o inglês, apesar de ser o segundo idioma mais falado do mundo depois do mandarim, é a verdadeira língua franca de nossos dias.

Pertence à família germânica do indo-europeu e provém da língua que falavam as tribos germânicas (anglos e saxões, principalmente) que emigraram para as ilhas britânicas por volta do século v d.C. Nos séculos ix e x, foi imposta nas ilhas britânicas uma variante que hoje é conhecida como *Old English*, fruto da unificação dos diferentes dialetos germânicos e das contribuições do latim falado pelos monges, do nórdico falado pelos vikings e das línguas celtas faladas pelos nativos antes das invasões (e que continuavam sendo faladas em Gales, na Escócia e na Cornuália). Após a invasão normanda de 1066, o francês passou a ser referência e considerado a língua dominante e de prestígio nas ilhas, deixando grandes marcas no inglês. Entre os séculos xii e xv, a língua inglesa (*Middle English*) fragmentou-se em muitos dialetos regionais. É nessa época que Geoffrey Chaucer escreveu os célebres *Contos de Canterbury* (*The Canterbury Tales*).

A partir dos séculos xv e xvi, durante o desenvolvimento econômico das cidades e de um incipiente nacionalismo inglês, foi imposta como *standard* a variante do inglês falado no triângulo que formam as cidades de Londres, Oxford e Cambridge, conhecida como *East Midland English*. Este terceiro período da evolução do inglês é conhecido como *Modern English* (especificamente o *Early Modern English*), com o qual foi escrita a obra do grande William Shakespeare e publicado o primeiro dicionário da língua inglesa, em 1604.

Nos séculos posteriores, com a expansão do Império Britânico e a aceleração do comércio internacional, o inglês, sempre permeável a influências externas, foi difundido por todo o mundo, convertendo-se em língua oficial de muitos países. Já no século XX, a transformação dos Estados Unidos da América em uma potência mundial possibilitou que o inglês se convertesse no principal veículo de comunicação do mundo.

Hoje em dia, há uma série de variantes da língua inglesa, variantes com suas próprias palavras, pronúncia própria e, em muitos casos, uma ortografia própria. O inglês é falado e escrito de formas diferentes nos EUA, na Austrália, em Belice, no Canadá, nas Filipinas, em Hong Kong, na Índia, na Indonésia, na Inglaterra, na Irlanda, na Jamaica, no Caribe, na Malásia, na Nova Zelândia, em Singapura, na África do Sul, em Trinidade e Tobago e no Zimbábue. Esse tipo de variante existe inclusive na Inglaterra e nos EUA. As variantes mais comuns do inglês britânico são: o RP (*Received Pronunciation*), também conhecido como BBC English, considerado o inglês *standard*; o *cockney* (falado em Londres); o *Estuary English*, o inglês de Gales, o inglês do norte, o inglês da Irlanda e as variantes escocesas.

Escrita

O alfabeto inglês é constituído das seguintes letras: A, B, C, D, E, F, G, H, I, J, K, L, M, N, O, P, Q, R, S, T, U, V, W, X, Y, Z.

Pronúncia

Vogais

Há cerca de vinte vogais no inglês *standard* da Grã-Bretanha: doze monotongos e oito ditongos. Obviamente, a correspondência entre as letras e os sons é mais complexa que em português.

A

Pronuncia-se /eɪ/ quando é tônica ao final de sílaba (*fate, mate, late*), quando é seguida de consoante e vogal neutra (*agent, able, about*) e, também, antes de *mb* (*chamber*), *nci* (*ancient*), *ng* (*change*) e *ste* (*waste*).

Pronuncia-se /ə/ antes de *l* ou *ll* (*already, fall, tall*), antes de *t* ou *gh* (*water, daughter, taught*) e antes de *w* (*law, straw, pawn*).

Pronuncia-se /ɑː/, como o "a" do português de "paga", mas um pouco mais longo, antes de *r* e de *r* + consoante (*farm, car, park*).

Pronuncia-se /æ/ (entre a vogal "a" e a vogal "e" do português, porém mais curto) antes de *r* + vogal sonora (*caravan, parish, parody*) e antes das demais consoantes (*apple, anticlimax, addition*).

E

Pronuncia-se /e/ em palavras como *hello, met* ou *yellow*, e como /iː/ ("i" longa) em palavras como *evil, Eden* ou *ether*, e como /ɜː/ (vogal neutra longa) antes de *r* ou *r* + consoante em palavras como *person, certain* ou *tertiary*.

Em posição final de palavra, o "e" não é pronunciado (*taste, five, blue*), a não ser que na palavra não haja outra vogal (*me, she, we*); pronuncia-se /iː/ quando a palavra termina em vogal duplicada (*see, three, bee*), ou se leva acento (*fiancé*).

Quando é duplicada, pronuncia-se /iː/ ("i" longo): *meet, green, seen*.

I

Pronuncia-se /ɪ/, ou melhor, um "i" mais curto e mais fechado que em português, antes da maioria das consoantes: *bin, fish, important*.

Pronuncia-se como o ditongo /aɪ/ quando é tônico em final de sílaba (*pine, time, blind*), quando é seguido de consoante e a vogal *e* não é pronunciada (*idle*), e antes de *gh* (*high, sigh*), *ght* (*light, night*), *gn* (*sign*, *design*), *ld* (*mild, wild*) e *nd* (*find, mind*). Também quando é seguido de uma vogal *o* seguida de uma consoante e uma vogal que não é pronunciada: *size, globalise, rise*.

Pronuncia-se como uma vogal neutra longa /ː/ antes de uma consoante *r* final (*sir, fir, stir*) e antes de uma consoante *r* quando não há vogal pronunciada depois: *first, birthday, girl*.

O

Pronuncia-se *o* / / (semelhante ao "o" português, mas produzido um pouco mais atrás na boca) quando é seguido de uma consoante em final de palavra: *hot, stop, posh*.

Pronuncia-se / / (entre um "a" e um "u" português) quando é seguido de uma vogal *u* + *gh* (*tough, rough, enough*) e, às vezes, quando é seguido de *v* + *e*: *love, dove*.

Pronuncia-se como o ditongo /əʊ/ quando é seguido de consoante + *e* (*open, hope*) e antes de *ld* (*bold, cold*), *lt* (*bolt, colt*) e *st* (*post, most*).

Pronuncia-se como o ditongo /ɔɪ/ quando é seguida de *i* (*boil, soil, toil*) ou de *y* (*toy, boy, soy*).

Pronuncia-se /ə/ (vogal neutra) nas palavras que acabam em *-tion*: *information, station, nation*.

Pronuncia-se /uː/ ("u" alongada) quando é duplicada (*cool, pool, stool*) e em casos como *who, lose* ou *shoe*.

U

Pronuncia-se /juː/ ("yu") quando é tônica em final de sílaba (*pupil, stupid, humid*) e quando é seguida de consoante + vogal *e* não pronunciada (*tune, nude, rule*).

Pronuncia-se /ʊ/, um som entre "o" e "u" portugueses, em palavras como *bull, put* ou *football*.

Pronuncia-se /ɪ/ em palavras como *busy, building* ou *business*.

Ditongos

Existem três grupos de ditongos em inglês.

1. Os que terminam com vogal neutra (/ə/):
   /ɪə/, que é pronunciado como um *i* seguido de vogal neutra: *here, beer, near.*
   /eə/, que é pronunciado como um *e* seguido de uma vogal neutra (semelhante a *"ea"* em português): *air, hair, fair.*
   /ʊə/, que é pronunciado como um *u* curto, seguido de uma vogal neutra: *sure, pure, fewer.*

2. Os que terminam em /i/:
   /eɪ/ (como em "sei"): *they, say, day.*
   /aɪ/ (como em "sai"): *my, cry, fried.*
   /ɔɪ/ (como em "sol"): *toy, oil, coin.*

3. Os que terminam em /ʊ/:
   /eʊ/, que é pronunciado como uma vogal neutra, seguida de um *u*: *show, no, so.*
   /aʊ/, que corresponde aproximadamente ao "au" em português: *how, now, brown.*

Consoantes

O **B** é parecido com o "b" português de "babá", mas é mais oclusivo (explosivo): *bet, best, abbey.*

O **C** é pronunciado como o "q" de "quilo", mas levemente aspirado: *cup, corner, can.* Quando vem seguido de *e, i* e *y*, é pronunciado como o "s": *cell, cinema, icy.*

A combinação **ch** é pronunciada como /tʃ/, como o *t* que em português vem acompanhado de *i*, como em *tia: cheap, chance, chop.* Esse som também aparece em palavras como *natural.* É pronunciado como /ʃ/ ou *sh* em muitas palavras procedentes do francês: *chef, champagne, chemise*. Em alguns casos, a combinação *ch* é pronunciada como /k/: *chemistry, chemical*.

O **D** é parecido com o "d" de "dedo": *dog, panda, paddle*.

O **F** é parecido com o "f" de "fofo": *face, five, funny*. Atenção! O grupo *ph* também é pronunciado como o *f*: *photo, philosophy, physics*.

O **G** é pronunciado normalmente de forma idêntica ao "g" de "gato": *go, get, give*. No entanto, quando vem seguido de *e* ou *i*, às vezes é pronunciado semelhante ao *d* seguido de *i* como em *dia: tragedy, giant, orgy*.

O **H** é pronunciado como consoante fricativa glotal surda, semelhante ao *r* de *rico* do português (que é fricativo velar): *him, hop, her*.

O **J** é pronunciado como o *d* do português, quando está acompanhado de *i*, como em *dia* (/dʒ/): *job, jet, July*.

O **K** é pronunciado como o "q" de "quilo", mas levemente aspirado: *kangaroo, kiss, king*. Quando está em início de palavra e está acompanhado de *n*, o *k* não é pronunciado: *knee, knock, knife*.

O **L** em posição inicial ou tônico é pronunciado como o "l" de "ler": *like, love, alone*. Em posição não inicial e não tônico, é pronunciado mais suave: *well, told, metal*.

O **M** é pronunciado como o "m" de "mês": *man, mean, mind*.

O **N** é pronunciado como o "n" de "nada": *nut, no, on*. No entanto, quando vem acompanhado de um *k* ou de um *g*, o *n* é velar: *song, donkey, angry*.

O **P** é pronunciado como o "p" de "pato", mas levemente aspirado: *pen, pop, pick*.

O **Q** é pronunciado como /kw/: *queen, quick, question*.

O R é pronunciado suavemente sem vibrar, colocando a língua em direção ao palato. Em inglês britânico *standard* só é pronunciado quando está antes de vogal: *rate, rap, run*. Antes de consoante não é pronunciado, mas se prolonga a vogal: *part, church, burn*. Em inglês norte-americano, escocês e irlandês, o *r* é sempre pronunciado.

O S é pronunciado como o som surdo de "ç": *signal, case, stop*. Em alguns casos, no entanto, é pronunciado como *sh*, por exemplo, na palavra *sugar*. Quando é usado como marca de plural, normalmente é pronunciado como um "s" sonoro: *trees, papers, pens*. Em final de palavra, em geral, é pronunciado sonoro: *cheese, these, sees*. No entanto, às vezes, soa como um "s" surdo: *habits, books, forks*. Também é pronunciado sonoro em algumas palavras antes de *y*: *easy*.

A combinação **sh** é pronunciada como o *ch* de *chá*: *she, shoe, shell*. Esse som também aparece em palavras como *ocean* ou *sugar*.

O T é pronunciado como o "t" de "tela", mas levemente aspirado: *tell, pet, total*. Quando vem acompanhado de *i*, e nas terminações em *-tion*, é pronunciado como *sh*: *action, nation, revolution*.

O grupo **th** é pronunciado de duas maneiras: como /θ/, fricativa interdental, produzida com a língua entre os dentes, porém sem vibração (*thin, thick, Thursday*), ou como /ð/ fricativo, produzido com a língua entre os dentes, mas com vibração assemelhando-se levemente ao "z" (*this, them, the*).

O V é pronunciado como em português: *river, verve, vacant*.

O W é pronunciado como a semivogal "u" de "aguentar": *water, wish, well*. Atenção! É uma consoante não pronunciada quando vem antes de *r*: *write, wrap, wrong*.

A combinação **wh** normalmente é pronunciada também como a semivogal "u" de "aguentar": *where, when, why*. Em alguns casos, é pronunciado como o *h* do inglês: *who, whose, whom*.

O **X** é pronunciado como o "ks", quando está após sílaba tônica (*exit, axe, tax*), e como "gz", quando está antes da sílaba tônica (*exam, example, exempt*). O *x* em início de palavra é pronunciado como um "z" do português: *xenophobia, xerox, xylpohone*.

O **Y** é pronunciado como a semivogal "i" de "cai": *yes, young, you*. Às vezes, é pronunciado como /aɪ/: *try, why, cry*. Em final de palavra, é pronunciado como /iː/: *sexy, pretty, hilly*.

O **Z** é pronunciado como em português: *zero, zoo, zenith*.

Casos especiais:

Em geral, as consoantes duplicadas são pronunciadas como se fossem simples: *sell, hippy, mannish, better, muddy*. Há, no entanto, algumas exceções, como *cc* antes de *e* e *i*, que é pronunciado como "ks": *accept, accent, accident*.

O grupo *gh* não é pronunciado em final de sílaba, seguido ou não de *t* (*night, right, sight*), mas é pronunciado como *f* em palavras como *rough, tough* ou *laugh*.

Saudar

Greetings

Bom dia.	Good morning.
Boa tarde.	Good afternoon.
Boa noite.	Good evening. / Good night.
Oi.	Hello!
Como vai?	How are you?
Muito bem, obrigado! E você?/ Muito bem, obrigado. E o senhor?	Very well, thank you. And you?
Bem, obrigado! E o senhor?	Fine, thank you. And you?
Saudações à sua mulher.	Give my regards to your wife.
Saudações minhas ao senhor Jones.	Give Mr. Jones my regards.

Vocabulário: Saudar

Senhor (sr.)
　Mister (Mr.)

Senhora (sra.)
　Missis (Mrs.)

Senhorita (srta.)
　Miss (Ms.)

Despedir-se | Saying goodbye

Tchau.	Goodbye.
Até logo.	See you later!
Até amanhã.	See you tomorrow!
Até terça.	See you on Tuesday.
Até breve.	See you again!
Boa viagem.	Have a nice trip.
Boa noite e bom descanso.	Good night, sleep well.

Informação pessoal

Personal information

Nome

Name

Qual é seu nome?	What's your name?
Sou Paulo. E o seu?	My name is Paulo, and yours?
Seu nome, por favor?	Your name, please?
Você é o senhor Smith?	Are you Mr. Smith?
Não, eu me chamo Wilson.	No, my name is Wilson.
O senhor Smith sou eu.	I am Mr. Smith.

Origem

Origin

Eu sou brasileiro.	I am Brazilian.
Eu sou de São Paulo.	I am from São Paulo.
Eu sou de São Paulo, mas moro no Rio de Janeiro.	I am from São Paulo but I live in Rio de Janeiro.
De onde você é? / De onde o senhor é?	Where are you from?
Você é inglês, não é?	You are English, aren't you?
Você é daqui?	Are you from here?
Eu sou estrangeiro.	I am a foreigner.

De que parte da Grã-Bretanha você é? — Which part of Britain are you from?

Profissão — Profession

O que você faz? — What do you do?

Você é estudante ou você trabalha? — Are you a student or do you work?

O que você estuda? — What are you studying?

Onde você trabalha? — Where do you work?

Eu estou fazendo a universidade. — I study at the University.

Estudo História. — I study History.

Sou médico. — I am a doctor.

Trabalho por conta própria. — I am self-employed.

Trabalho em um banco. — I work in a bank.

Trabalho em uma loja. — I work in a shop.

Trabalho em uma fábrica. — I work in a factory.

Eu estou desempregado. — I am unemployed.

Eu sou aposentado. — I am retired.

Residência — Address

Onde o/a senhor/a mora? — Where do you live?

Qual é o seu endereço? — What is your address?

Qual é o seu número de telefone?	What is your telephone number?
Em que rua você mora?	What is the name of your street?
Moro na rua Oxford, n. 40.	I live at 40 Oxford Street.

Idade

Age

Quantos anos o/a senhor/a tem?	How old are you?
Tenho 45 anos.	I am 45 years old.

Vocabulário: Informação pessoal

Dados pessoais

brasileiro
  Brazilian

data de nascimento
  date of birth

endereço
  address

endereço residencial
  home address

estado civil
  marital status (married, single, divorced)

estrangeiro
  foreigner

estudar
  to study

idade
  age

lugar de nascimento
  place of birth

morar
  to live

nacionalidade
  nationality

nome
  name

número de telefone
telephone number

n. do passaporte ou do RG
Passport / Identity card number

profissão
profession

ser
to be

sobrenome
surname

trabalhar
to work

Nacionalidade

alemão
German

austríaco
Austrian

chinês
Chinese

francês
French

grego
Greek

holandês
Dutch

inglês
English

italiano
Italian

norte-americano
American

suíço
Swiss

Profissão

açougueiro
butcher

advogado
lawyer

aposentado
retired

arquiteto
architect

artista
artist

assistente social
social worker

ator
actor

balconista
shop assistant

biólogo
biologist

cabeleireiro
hairdresser

carpinteiro
carpenter

carteiro
postman

comissária de bordo
stewardess, air hostess

consultor
consultant

consultor financeiro
financial advisor

contador
accountant

corretor de imóveis
real estate agent

cozinheiro
cook, chef

desempregado
unemployed

designer **de interiores**
interior designer

designer **gráfico**
graphic designer

economist
economista

eletricista
electrician

empregado
employee

encanador
plumber

enfermeira
nurse

engenheiro
engineer

escritor
writer

estagiário
apprentice

estudante
student

farmacêutico
pharmacist

filólogo
philologist

funcionário público
civil servant

garçom
waiter

guia turístico
 tourist guide

joalheiro
 jeweller

jornalista
 journalist

mecânico
 mechanic

médico
 doctor

modelo
 model

operário
 labourer

padeiro
 baker

padre
 priest

pedreiro
 construction worker

pescador
 fisherman

piloto
 pilot

pintor
 painter

policial
 policeman

político
 politician

professor
 teacher

psicólogo
 psychologist

sapateiro
 shoemaker

taxista
 taxi driver

técnico
 technician

técnico de som
 sound engineer

técnico em informática
 IT technician

tradutor
 translator

vendedor
 salesman

veterinário
 veterinarian

APRESENTAÇÕES

PRESENTATIONS

Este é o Tomás, um colega de trabalho.	This is Thomas, a colleague from the office.
Esta é a Maria, minha irmã.	This is my sister Mary.
Apresento-lhe o senhor Jones.	I'd like to introduce you to Mr Jones.
Olá, como vai?	How are you? / Hello! Nice to meet you.
Muito prazer.	How do you do? / Pleased to meet you.

Vocabulário: Apresentações

avó
  grandmother
avô
  grandfather
avós
  grandparents
amigo
  friend
colega
  colleague
companheiro
  companion
cunhada
  sister-in-law
cunhado
  brother-in-law
filha
  daughter
filho
  son
filhos / crianças
  children
irmã
  sister
irmão
  brother
mãe
  mother

marido / esposo
  husband
mulher / esposa
  wife
namorada
  girlfriend
namorado
  boyfriend
pai
  father
pais
  parents
parente
  relative
prima / primo
  cousin
sogra
  mother-in-law
sogro
  father-in-law
tia
  aunt
tio
  uncle
vizinho
  neighbour

Ao telefone / On the phone

Alô. Posso ajudá-lo?	Hello? Can I help you?
Gostaria de falar com o senhor Smith, por favor?	Can I speak to Mr. Smith, please?
A Eva está?	Is Eva there please?
Quem deseja?	Who is calling?
Eu sou Luis.	This is Luis.
É o senhor Oliveira.	This is Mr. Oliveira.
Um instante, por favor.	One moment, please.
Não está, acaba de sair.	He is not here, he has gone out.
Deseja deixar algum recado?	Would you like to leave a message?
Acho que é um engano. Para qual número você discou?	I think you have the wrong number. Which number do you want?
Este número não é o 566 77 32?	Isn't that 566 77 32? (five, six, six, seven, seven, three, two)
Qual é o prefixo de Londres?	What is the area code for London, please?
Gostaria de saber o número de telefone da British Airways.	Can you give me the phone number of British Airways, please?

Vocabulário: Ao telefone

cair a ligação
to get cut off

celular
mobile, cell phone

chamada a cobrar
reverse charge call

conectar-se
to get through

consertos gerais
repair service

desligar
to hang up

discar
to dial

falar
to speak

faltar papel
to be out of paper

fixo
land-line

ligação internacional
international call

ligação nacional
national call

ligar
to phone, to call

lista telefônica
telephone directory

mandar / enviar
to send

mensagem
message

orelhão
telephone box

páginas amarelas
yellow pages

prefixo
prefix, area code

ramal
extention

secretária eletrônica
answering machine

tirar do gancho
to lift the receiver

tocar
to ring

tom / altura / som
tone

CONTROLE DA COMUNICAÇÃO

CONTROLLING COMMUNICATION

O que disse?

What did you say?

Desculpe, não entendi.

Sorry, I don't understand you.

Pode repetir, por favor?

Could you repeat that, please?

Pode falar um pouco mais devagar, por favor?

Could you speak a little slower, please?

Desculpe, não lhe escuto bem.

Sorry, I can't hear you very well.

Pode falar um pouco mais alto, por favor?

Could you speak a little louder, please?

Você fala português?

Do you speak Portuguese?

Não falo inglês muito bem.

I can't speak English very well.

Vocabulário: Controle da comunicação

aprender
to learn

ensinar
to teach

entender
to understand

escrever
to write

estudar
to study

falar
to speak

ler
to read

língua
language

ouvir
to hear

esquecer
to forget

pronunciar
to pronounce

repetir
to repeat

saber
to know

traduzir
to translate

Idiomas

alemão
German

árabe
Arabic

chinês
Chinese

espanhol
Spanish

francês
French

holandês
Dutch

inglês
English

italiano
Italian

russo
Russian

Expressões de Tempo

Time Expressions

ontem	yesterday
anteontem	the day before yesterday
hoje	today
amanhã	tomorrow
depois de amanhã	the day after tomorrow
a semana que vem	next week
no mês que vem	next month
dentro de duas semanas	in a couple of weeks
há cinco dias	five days ago
agora mesmo	a little while ago
semana passada	last week
no mês passado	last month
depois do verão	after the summer
antes de terça-feira	before Tuesday
no início do mês	at the beginning of the month
a meados do mês	in the middle of the month
no final do mês	at the end of the month

todas as segundas-feiras	every Monday
nos fins de semana	at the weekends
em agosto	in August
no natal	at Christmas
no outono	in the autumn
nas férias	during the holidays
em 1992	in 1992
tarde	late
logo/cedo	early

Data — The date

Que dia é hoje?	What day is it today?
Em que dia estamos?	What date is it today?
Estamos em 15 de janeiro.	It's the 15th of January.
Hoje é sexta-feira.	Today is Friday.
Hoje é dia 25 de dezembro.	Today is the 25th of December.
12 de outubro de 1492.	The 12th of October 1492.

Hora	The time
Que horas são?	What time is it?
Desculpe, você tem horas?	Excuse me, do you have the time?
É uma hora em ponto.	It's one o'clock on the dot.
São cinco e dez.	It's ten past five.
São cinco e quinze.	It's quarter past five.
São cinco e meia.	It's half past five.
Faltam quinze para as seis.	It's quarter to six.
A que horas você começa a trabalhar?	What time do you start work?
A que horas sai?	What time do you leave?
Às oito.	At eight o'clock.
Mais ou menos às oito.	Around eight o'clock.

Partes do dia	Parts of the day
pela manhã	in the morning
ao meio-dia	at midday
à tarde	in the afternoon

à noite	in the evening / at night
ao anoitecer	at nightfall
ao amanhecer	at daybreak
às seis da tarde	six o'clock in the evening
às seis da manhã	six o'clock in the morning

Vocabulário: Expressões de tempo

A semana

segunda-feira
Monday

terça-feira
Tuesday

quarta-feira
Wednesday

quinta-feira
Thursday

sexta-feira
Friday

sábado
Saturday

domingo
Sunday

fim de semana
weekend

Os meses

janeiro
January

fevereiro
February

março
March

abril
April

maio
May

junho
June

julho
July

agosto
August

setembro
September

outubro
October

novembro
November

dezembro
December

As estações

primavera
spring

verão
  summer

outono
  autumn, fall

inverno
  winter

O dia

manhã
  morning

tarde
  afternoon

noite
  evening, night

Frações de tempo

ano
  year

década
  decade

dia
  day

dia livre
  day off

dia útil
  working day

estação
  season

férias
  holidays, vacation

fim de semana
  weekend

hora
  hour

mês
  month

minuto
  minute

quinze dias
  fortnight

século
  century

segundo
  second

semana
  week

trimestral
  quarterly

trimestre acadêmico
  term

um quarto
  quarter

Frequência e costumes

Frequency and habits

Todos os dias me levanto às sete.	I get up at seven o'clock every day.
Vou à academia dia sim, dia não.	I go to the gym every other day.
O que você faz nos fins de semana?	What do you do at the weekend?
Trabalho 40 horas por semana.	I work a 40-hour week.
duas vezes por semana	twice a week
uma vez por mês	once a month
três vezes por ano	three times a year
sempre	always
frequentemente	usually
às vezes	sometimes
quase nunca	almost never
nunca	never

I get up at seven o'clock every day.

Vocabulário: Frequência e costumes

almoçar
  to have lunch

começar a trabalhar
  to start work

comer
  to eat

conversar com os amigos
  to chat with friends

deitar
  to go to bed

faça você mesmo
  to DIY (Do it yourself)

fazer a barba
  to shave

fazer compras
  to do the shopping

ir ao médico
  to see the doctor

jantar
  to have dinner

ler o jornal
  to read the paper

levantar-se
  to get up

maquiar-se
  to make up

navegar na Internet
  to surf the Internet

passear
  to go for a walk

praticar esporte
  to exercise

preparar o almoço / jantar
  to make lunch / dinner

sair à noite
  to go out at night

sair de casa
  to leave home

sair do trabalho
  to leave work

tirar a roupa
  to get undressed

tomar banho
  to take a shower, to have a bath

tomar café da manhã
  to have breakfast

ver televisão
  to watch TV

vestir-se
  to get dressed

voltar pra casa
  to return home

Quantidades / Intensidade

Quantities / Intensity

Ele come muito.	He eats a lot.
Ele trabalha muito pouco.	He works very little.
Ele não tem feito nada.	He hasn't done anything.
muitos turistas	many tourists
alguns estrangeiros	some foreigners
poucos ingleses	not many British people
nenhum brasileiro	no Brazilians
uns dois mil	around two thousand
a maioria	the majority
todo mundo	everyone / everybody
ninguém	nobody
muitas casas	many houses / lots of houses
muito vinho	a lot of wine

Posse | Possession

De quem é essa jaqueta?	Whose jacket is this?
Este carro é seu?	Is this your car?
Sim, é meu.	Yes, it's mine.
Não, não é meu.	No, it's not mine.
É seu / É teu.	It's yours.
É dele / É dela.	It's his / It's hers.
É nosso / É nossa.	It's ours.
É deles / É delas.	It's theirs.
É daquela senhora.	It's that lady's.

Vocabulário: Posse

meu
  mine

seu / teu
  your, yours

seu (do senhor)
  your, yours

seu (de vocês)
  your, yours

dele
  his

dela
  her, hers

deles
  their, theirs

delas
  their, theirs

nosso
  our, ours

de vocês
  yours

Descrever / Comparar coisas

Describe / Compare things

Um carro branco.   A white car.

Uma mesa de madeira.   A wooden table.

Uns óculos de plástico.   Plastic glasses.

Que diferença há entre este e esse outro?   What's the difference between this one and that one?

São iguais. / São a mesma coisa.   They are the same.

São parecidos.   They're similar. / They're alike.

São muito diferentes.   They're very different.

Este é melhor que o outro.   This is better than the other one.

Este é maior.   This is bigger.

Este não é tão caro.   This is not as expensive. / This is not so expensive.

This is better than the other one.

Vocabulário: Descrever / Comparar coisas

Cores

amarelo
yellow

azul
blue

branco
white

cinza
grey

cinza-claro
light grey

cinza-escuro
dark grey

cor
colour

marrom
brown

preto
black

rosa
pink

verde
green

vermelho
red

Materiais

ferro
iron

madeira
wood

metal
metal

ouro
gold

papel
paper

papelão
cardboard

plástico
plastic

prata
silver

Comparar

diferente
different

igual
same

maior / mais velho (pessoa)
bigger, older (person)

melhor
better

menor / mais novo (pessoa)
smaller, younger (person)

parecido / semelhante
similar

pior
worse

Formas, tamanhos...

barato
cheap

caro
expensive

duro/difícil
hard

enorme
huge

estreito
narrow

fora de moda
old-fashioned

grande
big

grosso
thick

largo
wide

leve
light

magro
thin

médio
medium

moderno
modern

na moda
fashionable

novo
new

pequeno
small

quadrado
squared

redondo
round

suave / fofo
soft

velho
old

Nas compras

Shopping

Meio quilo de batatas.	A pound of potatoes.
250 gramas de tomates.	Half a pound of tomatoes.
125 gramas de presunto.	A quarter pound of ham.
Queria um litro de leite e um pacote de café.	I'd like a bottle of milk and a jar of coffee, please.
Quanto deu tudo?	How much is it?
Queria uma calça *jeans*.	I would like some jeans, please.
Queria uma blusa preta para mim.	I would like a black jumper, for myself.
Posso provar?	Can I try it on?
Tem de outra cor?	Do you have it in another colour?
Este.	This one.
Aquele ali.	That one there.
O da direita.	The one on the right.
O grande.	The big one.
O de 60 libras esterlinas.	The 60 pound one.
Igual, mas um pouco menor.	The same but smaller.
Igual, mas um pouco maior.	The same but bigger.

Quanto custa?	How much is it?
Eu vou levar.	I'll take it.
Aceitam cartão?	Do you accept credit cards?
Tem selo?	Do you have any stamps?
Selo para o Brasil, por favor.	Stamps for Brazil, please.
Queria algo para dor de ouvido.	I would like something for an earache.

Do you accept credit cards?

NAS COMPRAS

Vocabulário: Nas compras

Ao pagar

caixa (para pagar)
cashdesk

cartão de crédito
credit card

libra
pound

moeda
coin

nota
note, receipt

nota fiscal
invoice, bill

pagar
to pay

pedir o recibo (de compra)
purchase receipt

real
real

recibo
receipt

trocar
change

troco
change, exchange

valor (custo)
cost

Pesos, envoltórios e estados

bolsa
bag

caixa
box

congelado
frozen

data de validade
best before date

dúzia
dozen

fresco
fresh

grama
gram

lata
tin (*de comida*), can (*de bebida*)

libra (453,6 g)
pound

litro
litre

pacote (embalagem)
packet

quilo
 kilo

Vestuário

blusa de frio (casaco)
 coat

cachecol
 scarf

calça
 trousers, pants

camiseta
 T-shirt

chapéu
 hat

cinto
 belt

colete
 waistcoat, vest

cuecas
 underpants

gabardine (capa de chuva)
 raincoat

jaqueta
 jacket

__jeans__
 jeans

lenço
 handkerchief

luvas
 gloves

meia-calça
 tights

meias
 socks

número (de pé)
 foot size

óculos
 glasses

pijama
 pyjamas

provador
 fitting room

saia
 skirt

sapatos
 shoes

suéter (agasalho)
 jumper, sweat shirt

sutiã
 bra

tamanho
 size

terno
 suit

vestido
 dress

Descrever pessoas

Describing people

Como ela é?	What does she look like?
É uma jovem.	She is a young girl.
Ele é um senhor de uma certa idade.	He is an elderly gentleman.
Ele é muito alto.	He is very tall.
Ele é baixo.	He is short.
Ele tem o cabelo escuro.	He has dark hair.
Ele tem os olhos azuis.	He has blue eyes.
Ele é muito bonito.	He is very attractive.
Ele se parece com o Carlos.	He looks like Carlos.
Ele tem bigode.	He has a moustache.
Ele usa óculos.	He wears glasses.
Ela está usando um vestido vermelho.	She is wearing a red dress.
Ele é muito simpático.	He is a nice person.
Ele é uma pessoa um pouco estranha.	He is a little bit weird.
Eu gosto dele.	I like him.
A gente se dá muito bem.	We get on very well.

Vocabulário: Descrever pessoas

Descrever o físico

alto
 tall

baixo
 short

barba
 beard

bigode
 moustache

cabelo
 hair

cabelo escuro
 dark hair

castanho
 brown hair

gordo
 fat

loiro
 blond hair

magro
 thin

olhos azuis
 blue eyes

olhos escuros
 dark eyes

olhos verdes
 green eyes

Relacionar-se

dar-se bem
 to get on well, to get along

desagradável
 unpleasant

gostar de alguém
 to like somebody

não gostar de alguém
 to dislike somebody

parecer-se
 to look alike

Caráter

amável / gentil
 kind

ambicioso
 ambitious

antipático
 unfriendly

atraente
attractive

boa pessoa
good person

carismático
charismatic

cético
skeptical

chato
boring

cínico
cynical

conservador
conservative

divertido
fun

esperto
bright, smart

estranho, esquisito
strange, weird

estúpido
stupid

falante
talkative

feliz
happy

fraco
weak

gentil
nice

inteligente
intelligent

mentiroso
liar

preguiçoso
lazy

sensato
sensible

sensível
sensitive

sério
serious

simpático
friendly

sincero
sincere

tacanho, sovina
tight, mean

teimoso
stubborn

trabalhador
hard working

Encontros e convites / Lazer

Appointments and invitations / Leisure

Gostaria de jantar comigo?	Would you like to have dinner with me?
Gostaria de ir ao cinema?	Would you like to go to the cinema?
Não estou a fim de sair.	I don't feel like going out.
Vamos dar uma volta?	Why don't we go for a walk?
Que dia marcamos?	What day shall we meet?
Que tal segunda-feira?	Would Monday be all right?
A que horas marcamos?	What time shall we meet?
Você joga tênis?	Do you play tennis?
Poderíamos ir a Cambridge.	We could go to Cambridge.

Vocabulário: Encontros e convites / Lazer

Atividades

beber algo
  to have a drink

comprar os ingressos
  to buy tickets

convidar
  to invite

dar uma volta
  to go for a walk

discoteca, danceteria
  discotheque, club

ficar em casa
  to stay at home

gostar de fazer algo
  to like doing something

marcar um encontro
    to arrange to meet

praticar esporte
    to practice sport

sair
    to go out

ver tevê
    to watch television

Lazer

atletismo
    athletics

basquete
    basketball

churrasco
    barbecue

ciclismo
    cycling

cinema
    cinema

concerto
    concert

conferência
    conference

esporte
    sport

esqui
    skiing

excursão
    excursion

exposição
    exhibition

festa
    party

futebol
    football

museu
    museum

música
    music

natação
    swimming

ópera
    opera

restaurante
    restaurant

teatro
    theatre

tênis
    tennis

trekking
    trekking

Sentimentos e sensações

Feelings and sensations

Estou com muita sede.	I'm very thirsty.
Estou com fome.	I'm hungry.
Estou com calor.	I'm hot.
Estou com frio.	I'm cold.
Estou com muita dor de cabeça.	I have a terrible headache.
Não me sinto muito bem.	I don't feel very well.
Estou resfriado.	I have a cold.
Estou enjoado.	I feel dizzy.
Estou muito cansado.	I'm very tired.
Estou com sono.	I'm tired.

Vocabulário: Sentimentos e sensações

Partes do corpo

barriga
  belly, tummy

braço
  arm

cabeça
  head

costas
  back

cotovelo
  elbow

dente
  tooth

estômago
  stomach

garganta
  throat

joelho
  knee

mão
  hand

olhos
  eyes

ouvido
  ear

pé
  foot

peito
  chest

perna
  leg

tornozelo
  ankle

Remédios

antibiótico
  antibiotic

calmante
  painkiller

comprimido
  tablet, pill

injeção
  injection

pomada
  cream, ointment

supositório
  suppository

xarope para tosse
  cough syrup

Sintomas, causas etc.

arranhão
  scratch

cãibra
  cramp

coceira
  itch

corte
  cut

diarreia
  diarrhoea

dor
  pain

estar com o nariz escorrendo
  to have a runny nose

estar doente
  to be ill

falta de apetite
  lack of appetite

ficar doente
  to get ill

gripe
  flu

inchaço
  swelling

licença médica
  doctor's note, sickness leave

machucado
  bruise

operar
  operate

pulsação
  pulse

receita médica
  prescription

resfriado
  cold

ressaca
  hangover

sentir tonturas
  to feel dizzy

sofrer um acidente
  to have an accident

ter dor de cabeça
  to have a headache

ter náuseas
  to feel sick

tosse
  cough

Meteorologia — Weather

Que calor!	It's so hot!
Que frio!	It's so cold!
Está chovendo.	It's raining.
Está nevando.	It's snowing.
Está ventando muito.	It's very windy.
O tempo está ruim.	The weather is bad.
O tempo está bom hoje.	The weather is good.
Está muito quente.	It's very hot.
Faz 8 graus hoje.	It's 8 degrees C.

Vocabulário: Meteorologia

calor
  heat, hot

chuva
  rain

frio
  cold

neve
  snow

névoa
  fog

nublado
  cloudy

tempestade
  thunderstorm

tempo bom
  good weather

tempo ruim
  bad weather

trovão
  thunder

umidade
  humidity

vento
  wind

Gostos, interesses e preferências

Tastes, interests and preferences

Você gosta de futebol?	Do you like football?
Sim, eu adoro.	Yes, I love it.
Sim, eu gosto muito.	Yes, I like it very much.
Não, não gosto muito.	No, I don't like it very much.
Não, não gosto nada.	No, I don't like it at all.
Interessa-me muito a história da arte.	I'm very interested in the history of art.
Ele não gosta nada de cozinhar.	He doesn't like cooking at all.
Nem eu.	Me neither.
Eu também.	Me too.
Eu não.	I don't.
Eu sim.	I do.
Qual você prefere?	Which do you prefer?

Opinar / Avaliar / Discutir

Give an opinion / Evaluate / Discuss

Eu acho muito interessante.	I think it's very interesting.
Que maravilha!	How wonderful!
Que horror!	How terrible!
É adorável.	It's lovely.
Ele canta muito bem.	He sings very well.
Ela cozinha muito mal.	She cooks badly.
Não me parece nada justo.	I don't think it's fair.
Isso é ridículo.	That's silly.
Me parece bem.	I think that's fine.
Não me parece nada bom.	I don't like it at all.
Acho que é melhor assim.	I think it's better like that.
Sim, concordo, mas há um outro problema.	Yes, I agree, but there is another problem.
Claro.	Of course.
Definitivamente.	Definitely.
Evidentemente.	Evidently.
Sim.	Yes.
Sim, é verdade.	Yes, it's true.

OK, concordo.	OK, I agree.
Concordo com o Juan.	I agree with Juan.
Você tem razão.	You're quite right.
Sério?	Really?
Estou completamente de acordo.	I completely agree with you.
Certamente não.	Surely not.
Definitivamente não.	Definitely not.
Não.	No.
Não, isso não é verdade.	No, that's not true.
De forma alguma!	Not at all!
Discordo de você.	I don't agree with you.
Definitivamente, eu não vejo assim.	I certainly don't see it like that.

Vocabulário: Opinar / Avaliar / Discutir

Adjetivos

absurdo
absurd

bonito
pretty

cansativo / chato
boring

estranho, desconhecido
stranger

fantástico
fantastic

feio
ugly

horrível
horrible

incrível
incredible

injusto
unfair

interessante
interesting

lógico
logical

normal
normal

ridículo
ridiculous

Para expressar opinião

concordar com
to agree with

opinar
to give an opinion

pensar, achar
to think

ser contra, discordar
to be against

ser favorável a
to be in favour of

Causa / Consequência

Cause / Consequence

Por que ele não veio?

Why didn't he come?

Porque está doente.

Because he is ill.

Eu me atrasei porque meu carro quebrou.

I am late because my car broke down.

Ele está doente. Por isso não veio.

He is ill. That's why he didn't come.

I am late because my car broke down.

Níveis de Certeza / Degrees of Certainty

Você tem certeza?	Are you sure?
Deve ser o José.	It must be José.
Pode ser que chova.	It might rain.
Acho que vai chover.	I think it's going to rain.
Não acho que ele venha hoje.	I don't think he'll come today.

Pedir desculpas

To apologize

Desculpe-me.

Excuse me.

Sinto muito.

I'm sorry.

Agradecer   To thank

Obrigado.	Thank you.
De nada.	You're welcome.
Muito obrigado.	Thank you very much.
Muito agradecido.	I am very grateful.
Muito gentil de sua parte.	That's very kind of you.
Não tem importância.	It's not important.

Parabenizar

To congratulate

Parabéns!

Feliz aniversário!

Feliz Natal!

Parabéns pelo exame.

Congratulations!

Happy birthday!

Merry Christmas!

Congratulations on your exam.

Lugares

Places

Por favor, como chego à catedral?	How do I get to the cathedral, please?
Perdão, alguma agência de correios por aqui?	Excuse me, is there a post office near here?
Perdão, onde fica a rua Oxford?	Excuse me, where is Oxford Street?
Está perto daqui?	Is it near here?
Está muito longe.	It's quite far.
É possível ir andando?	Is it within walking distance?
Está a uns 500 metros.	It's about a 10 minute walk.
Está a meio quilômetro daqui.	It's about half a mile from here.
Vá direto até o final da rua, depois vire à esquerda.	Go straight ahead and at the end of the street, turn left.
Veja, é ali adiante.	Look, it's over there.
Por favor, onde estão os toaletes?	Excuse me, where are the toilets?
Onde está o banheiro?	Where is the toilet?
em frente	in front
atrás	behind
ao lado	beside

ali / lá	there
aqui	here
acima	above
abaixo	below
sobre a mesa	on the table
debaixo da mesa	under the table
em cima do armário	on top of the cupboard
dentro do armário	in the cupboard
ao lado da cozinha	next to the kitchen

Excuse me, where are the toilets?

Vocabulário: Lugares

Estabelecimentos

açougue
　butcher's

adega
　wine cellar

agência de correio
　post office

agência de viagens
　travel agency

avenida
　avenue

banca de jornal
　book stall, news stand

bar
　pub

cabeleireiro
　hairdresser's

catedral
　cathedral

confeitaria
　pastry shop

cruzamentos
　crossroads

delegacia de polícia
　police station

edifício
　building

empresa
　company

escritório
　bureau, office

estação
　station

fábrica
　factory

farmácia
　chemist's

floricultura
　florist's shop

igreja
　church

joalheria
　jeweller's

lavanderia
　laundry

lavanderia, tinturaria
　dryer's, dry cleaner's

livraria
　book shop

loja de artigos esportivos
sports shop

loja de brinquedos
toy shop

loja de calçados
shoe shop

loja de departamentos
department store

loja de discos
record shop

loja de ferragens
hardware shop

loja de móveis
furniture shop

mercado
market

mercearia
delicatessen

ótica
optician

padaria
bakery

papelaria
stationer's shop

passeio
promenade

peixaria
fish shop

perfumaria
perfume shop

praça
square

prefeitura
Town Hall

quartel
barracks

quitanda
fruit shop, greengrocer's

rua
street

self-service
self-service

semáforo
traffic light

shopping center
shopping centre, mall

supermercado
supermarket

tabacaria
tobacconist's

Espaços públicos

apartamento, *flat*
apartment, flat

bairro
neighbourhood

casa
house

cinema
cinema, movie

escola
school

esquina
corner

estacionamento
car park, parking lot

estrada
road

jardim
garden

museu
museum

parque
park

praça
square

rodovia
highway

tanque / lagoa
pond

teatro
theatre

Localização

à direita
on the right

à esquerda
on the left

ali / lá
there

antes de
before

ao lado de
beside

aqui
here

atrás de
behind

através de
through

bifurcação
fork

chegar
to arrive

continuar, seguir
to continue, to follow

cruzamentos
crossroads

cruzar
to cross

de frente, do outro lado
opposite

debaixo
under

dentro
inside

depois
after

em cima de
on top of

em frente a / de
in front of

encontrar
to find

estar perdido
to get lost

fora de
outside

longe
far

parar
to stop

pedágio
toll

perto
near

reto, seguir em frente
straight ahead

rotatória
roundabout

saída da rodovia
motorway exit, off-ramp

semáforo
traffic light

virar
to turn

Viagens e transportes

Travelling

Carro

Car

Por favor, esta rodovia vai para Manchester?

Excuse me, is this the road to Manchester?

São quantos quilômetros?

How many miles is it?

Complete, por favor.

Fill it up, please.

Você pode, por favor, ver o nível do óleo?

Can you please check the oil level?

Você pode, por favor, trocar o óleo?

Can you please change the oil?

Há alguma oficina por aqui?

Is there a garage near here?

Gostaria de alugar um carro.

I would like to rent a car.

Trem

Train

Quero uma passagem de ida e volta para Liverpool.

I would like a return ticket to Liverpool, please.

Você pode dar o horário dos trens?

Can I have a train timetable, please?

A que horas sai o trem para Londres?

What time does the train leave for London, please?

De que plataforma sai?

Which platform does it leave from?

Por favor, este é o trem para Londres?

Excuse me, is this the train for London?

Por favor, este trem para em Reading?	Excuse me, does this train stop in Reading?
Este assento está livre?	Is this seat free?
Incomoda se eu abrir a janela?	Do you mind if I open the window?

Aeroporto

Airport

Poderia me informar os voos disponíveis para o Rio de Janeiro?	Can you please tell me which flights are available for Rio de Janeiro?
Está atrasado o voo para Salvador?	Is the flight for Salvador delayed?
Já aterrissou o avião vindo de Salvador?	Has the flight from Salvador landed yet?
Perdi minha mala.	I've lost my suitcase.
Onde posso reclamar?	Where can I reclaim it?
Pedimos aos senhores passageiros do voo 312 com destino a Recife que se dirijam ao portão de embarque número 34.	All passengers for the flight number 312 to Recife should please go to gate 34.

Outras situações

Other situations

Que ônibus devo tomar para ir a Trafalgar Square?	Which bus do I take for Trafalgar Square?
Onde está a estação de metrô mais próxima?	Where is the nearest tube station?
Qual é a linha que vai a Piccadilly Circus?	Which line goes to Piccadilly Circus?

Onde tenho que descer para ir a Hyde Park Corner?	Where should I get off for Hyde Park Corner?
São quantas paradas até Buckingham Palace?	How many stops until Buckingham Palace?
O que é melhor: ir de ônibus ou de metrô?	Which is better, take the bus or go by tube?

Hotel / Hotel

Gostaria de reservar um quarto duplo para o dia 4 de maio.	I would like to reserve a double room for the 4th of May, please.
Quanto custa um quarto individual?	How much does a single room cost?
Há quartos livres?	Do you have any rooms free?
Está incluso o café da manhã?	Is breakfast included?
Reservei um quarto no nome do sr. Lopes.	I have a reservation in the name of Mr. Lopes.
Poderiam me acordar às sete?	Can I have a wake-up call for seven o'clock, please?
O chuveiro não funciona.	The shower doesn't work.
Poderia fechar a conta do 405, por favor?	Can I have the bill for room 405, please?
Poderia pedir um táxi, por favor?	Could you call me a taxi, please?

Vocabulário: Viagens e transportes

De carro

acelerador
accelerator

acelerar
to accelerate

carteira de habilitação
driving license

cruzamentos
crossroads

estrada
road

frear
to brake

freio
brake

gasolina
petrol

mudar de faixa
to change lanes

oficina
mechanic

pedágio
toll

ponte
bridge

posto de gasolina
petrol station

quilômetros
kilometers

rodovia
motorway

sem chumbo
unleaded

sinal de trânsito
traffic sign

tíquete
ticket

troca de marcha
gear-change

túnel
tunnel

ultrapassar
to overtake

velocidade
speed

De trem

alta velocidade
high speed

assento
seat

cama
couchette

carro leito
sleeping car

fazer baldeação
change trains

fiscal
inspector

guichê
ticket-office

horário
timetable

metrô
underground, tube, subway

motorista
driver

passagem (bilhete)
ticket

plataforma
platform

primeira classe
first class

segunda classe
second class

trens locais
local trains

De ônibus

ônibus
bus, coach

parada
bus stop

terminal
bus terminal

De avião

assento na janela
window-seat

assento no corredor
aisle-seat

aterrissar
to land

atrasado
delayed

avião
aircraft

bagagem
luggage

bagagem de mão
hand luggage

bandeja
tray

canhoto (comprovante)
stub

cartão de embarque
boarding pass

chegar
to arrive

controle de passaporte (fiscalização)
passport control

decolar
to take off

destino
destination

embarcar
to board

esteira (de bagagem)
luggage belt

fazer *check in*
to check in

fila
queue

partir
to leave

passageiro
passenger

passaporte
passport

portão de embarque
boarding gate

saída de emergência
emergency exit

segurança
security check

sobrevoar
to fly over

terminal
terminal

tripulação
crew

voo
flight

voo doméstico
domestic flight

voo internacional
international flight

voo programado (fretado)
scheduled flight

Bar e restaurante / Bar and restaurant

Um café e uma cerveja, por favor.	A coffee and a beer, please.
Preparam lanches?	Do you have any sandwiches?
Quanto custa?	How much is it?
Quero reservar uma mesa para três pessoas para esta noite, às nove.	I would like to reserve a table for three at nine o'clock this evening, please.
Tem mesa para cinco pessoas?	Do you have a table for five?
Pode trazer o cardápio?	Can we have the menu, please?
O que me recomenda?	What do you recommend?
Queremos o prato do dia.	We will have the set menu, please.
Para mim, de entrada, uma sopa de peixe.	I'll have fish soup to start with.
Para beber, vinho branco.	White wine, please.
Por favor, pode nos trazer mais pão?	Can we have more bread, please?
Aqui está.	There you are.
Por favor, pode trazer outra cerveja?	Can I have another beer, please?
A conta, por favor.	Can I have the bill, please?

Vocabulário: Bar e restaurante

água com gás
sparkling water

água mineral
mineral water

alho
garlic

apimentado
spicy

arroz
rice

assado
roasted

azeitonas
olives

bacalhau
hake, codfish

batatas fritas
chips

bem passado
well done

bifes
chops

bolo
cake

café
black coffee

café com leite
white coffee

camarão
prawn

canapés
finger-food, *hors d'oeuvres*

carne
meat

carne de boi
beef bill

cebola
onion

cerveja
beer

chá
tea

cheio
stuffed

cinzeiro
ashtray

colher
spoon

conta
 check

cordeiro
 lamb

cozido
 stewed

cru
 raw

derivados de leite
 dairy products

entrada
 starter

ervas
 herbs

faca
 knife

filé
 steak

frango
 chicken

frito
 fried

fruta
 fruit

garfo
 fork

gorjeta
 tip

grelhado
 grilled

guardanapo
 napkin

guarnição
 garnishings

hambúrguer
 hamburger

lanche
 sandwich

leite
 milk

livro de reclamações
 complaints book

manteiga
 butter

marisco
 shell fish

massa
 pasta

óleo
 oil

omelete
 omelette

ovo
  egg

pão
  bread

peixe
  fish

polvo
  octopus

por conta da casa
  it's on the house

porção
  portion

porco
  pork

presunto cozido
  cooked ham

presunto defumado
  cured ham,
  smoked ham

sal
  salt

salada
  salad

sobremesa
  dessert

sopa
  soup

sorvete
  ice-cream

suco
  juice

tempero
  sauce

toalha de mesa
  tablecloth

tomate
  tomato

vegetariano
  vegetarian

verdura
  vegetables

vinagre
  vinegar

vinho branco
  white wine

vinho da casa
  house wine

vinho *rosé*
  rosé wine

vinho tinto
  red wine

vitela
  veal

NÚMEROS / NUMBERS

Números cardinais / Cardinal numbers

um, dois, três, quatro, cinco, seis, sete, oito, nove, dez	one, two, three, four, five, six, seven, eight, nine, ten
onze, doze, treze, catorze, quinze, dezesseis, dezessete, dezoito, dezenove, vinte	eleven, twelve, thirteen, fourteen, fifteen, sixteen, seventeen, eighteen, nineteen, twenty
vinte e um, vinte e dois...	twenty one, twenty two...
trinta, trinta e um, trinta e dois...	thirty, thirty one, thirty two...
quarenta	forty
cinquenta	fifty
sessenta	sixty
setenta	seventy
oitenta	eighty
noventa	ninety
cem	one hundred
cento e um, cento e dois...	one hundred and one, one hundred and two...
duzentos	two hundred
trezentos	three hundred

quatrocentos	four hundred
quinhentos e vinte	five hundred and twenty
mil	one thousand
um milhão	one million
um bilhão	one billion

Números ordinais — Ordinal numbers

primeiro	first
segundo	second
terceiro	third
quarto	fourth
quinto	fifth
sexto	sixth
sétimo	seventh
oitavo	eighth
nono	nineth
décimo	tenth

Avisos / Cartazes públicos

Public notices / Posters

Reservado	Private
Puxe	Pull
Empurre	Push
Toque a campainha	Ring the bell
Fechado	Closed
Aberto	Open
Proibido fumar	No smoking
Proibida a entrada	No entry
Entrada	Entrance
Saída	Exit
Livre	Free
Ocupado	Occupied/Engaged
Quebrado	Broken down
Perigo	Danger
Elevador	Lift, elevator
Sanitários / banheiros	Toilets
Banheiro feminino	Ladie's toilets

Banheiros masculinos	Men´s toilets
Aluga-se	For rent
Vende-se	For sale
Lugares reservados	Seats reserved
Ar-condicionado	Air-conditioned
Telefone público	Public telephone

Gramática

Os substantivos

Gênero

Diferentemente do português, em inglês os substantivos não têm gênero. Em inglês, os nomes se dividem em contáveis (*dog, car, umbrella*) e incontáveis (*music, blood, excitement*). Os primeiros têm forma de singular e de plural; os incontáveis, por sua vez, são invariáveis.

Número

O plural de um substantivo forma-se acrescentando um **-s** ao singular.

one taxi	▶	three taxi**s**
one guest	▶	ten guest**s**
a hotel	▶	two hotel**s**

Entretanto, as palavras que terminam em **-s, -ss, -sh, -ch, -x** ou **-z** vão para o plural com **-es**.

Bus	▶	bus**es**
glass	▶	glass**es**
wish	▶	wish**es**
church	▶	church**es**
fax	▶	fax**es**

Nas palavras que terminam em consoante + **-y**, o **y** transforma-se, para marcar o plural, em **-ies**.

story	▶	stor**ies**

No entanto, se a palavra terminar em vogal + **-y**, só se acrescenta um **-s**.

day	▶	day**s**
boy	▶	boy**s**

Nas palavras que terminam em **-f** ou **-fe**, o **f** converte-se em **v**. O plural dessas palavras é **-ves**.

knife	▶	kni**ves**
wife	▶	wi**ves**

Alguns substantivos têm formas irregulares do plural.

woman	▶	wom**e**n
man	▶	m**e**n
t**oo**th	▶	t**ee**th
f**oo**t	▶	f**ee**t
child	▶	child**ren**
fish	▶	fish
sheep	▶	sheep

Os adjetivos

Diferentemente do português, no inglês os adjetivos são sempre invariáveis e se colocam antes do substantivo.

a **red** car	*um carro vermelho*
a **happy** boy	*um menino feliz*
a **red** apple	*uma maçã vermelha*
two **happy** girls	*duas meninas felizes*

A comparação

O comparativo dos adjetivos compostos de uma sílaba que não terminam em **-y** forma-se acrescentando a terminação **-er**. Para o superlativo, acrescentam-se o artigo definido e a terminação **-est**.

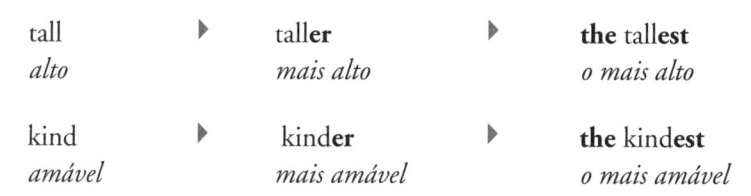

tall	▶	tall**er**	▶	**the** tall**est**
alto		*mais alto*		*o mais alto*
kind	▶	kind**er**	▶	**the** kind**est**
amável		*mais amável*		*o mais amável*

Quando a terminação do adjetivo for **-y**, o **y** transforma-se em **-i**.

funny	▶	funn**i**er	▶	**the** funn**i**est

Se o adjetivo termina em **-e**, só se acrescenta **-r** para o comparativo e **-st** para o superlativo.

nice	▶	nice**r**	▶	**the** nice**st**

Se o adjetivo termina em consoante-vogal-consoante, duplica-se a última consoante.

big	▶	bi**gg**er	▶	**the** bi**gg**est
hot	▶	ho**tt**er	▶	**the** ho**tt**est

O comparativo e o superlativo dos adjetivos de duas sílabas que não terminam em **-y** formam-se acrescentando as terminações **-er** e **-est**, ou com **more** e **the most**. Os de duas sílabas que terminam em **-y** quase sempre se formam apenas com o acréscimo de **-er** e **-est**.

narrow	▶	narrow**er**	▶	**the** narrow**est**
lucky	▶	luck**i**er	▶	**the** luck**i**est
splendid	▶	**more** splendid	▶	**the most** splendid
modern	▶	**more** modern	▶	**the most** modern

Os adjetivos que têm três ou mais de três sílabas formam o comparativo sempre com **more** e o superlativo com **the most**.

| intelligent | ▶ | **more** intelligent | ▶ | **the most** intelligent |
| *inteligente* | | *mais inteligente* | | *o mais inteligente* |

| interesting | ▶ | **more** interesting | ▶ | **the most** interesting |
| *interessante* | | *mais interessante* | | *o mais interessante* |

Alguns adjetivos têm formas irregulares. Recomenda-se dominá-los, porque são adjetivos muito utilizados.

good	▶	better	▶	the best
bad	▶	worse	▶	the worst
much/many	▶	more	▶	the most
far	▶	further	▶	the furthest

A comparação negativa forma-se com as partículas **less** e **the least**.

| attractive | ▶ | **less** attractive | ▶ | **the least** attractive |
| *atraente* | | *menos atraente* | | *o menos atraente* |

Os artigos

O artigo definido

Em inglês só existe um artigo definido: **the**.

the man	*o homem*
the woman	*a mulher*
the men	*os homens*
the women	*as mulheres*

O emprego dos artigos em inglês é diferente do emprego que se faz no português. Convém levar em consideração, por exemplo, que em inglês não se usa artigo quando se fala de algo em termos gerais e/ou abstratos.

~~The~~ flats are very expensive.	*Os apartamentos são muito caros.*
All ~~the~~ men are the same!	*Todos os homens são iguais!*
~~The~~ life isn't easy.	*A vida não é fácil.*

O artigo indefinido

Em inglês só existe o artigo indefinido **a**, que é empregado apenas acompanhando substantivos no singular. Diante de palavras que começam com uma vogal, o **a** transforma-se em **an**.

a man	*um homem*
an artist	*um(a) artista*
a woman	*uma mulher*
an architect	*um(a) arquiteto(a)*
a room	*um quarto*
an egg	*um ovo*

Diante de palavras que começam com um **h** mudo, emprega-se **an**.

an hour	*uma hora*
an honour	*uma honra*

Diante de palavras que começam com **u** ou com **eu**, emprega-se **a** quando **u** ou **eu** se pronunciam como em **you**.

a university	*uma universidade*
a European	*um europeu*

Atenção! As profissões expressam-se com o artigo indefinido.

He's **a** doctor. *Ele é médico.*

Em algumas palavras não se emprega nem **a** nem **an**; em seu lugar se emprega **some**.

I need **some** information. *Preciso de uma informação.*
I've got **some** good advice for you. *Tenho um bom conselho para você.*

Outras palavras, que só são empregadas no plural, tampouco são acompanhadas de **a** ou **an**.

She's got new trousers. *Ela ganhou calças novas.*
He wears glasses. *Ela usa óculos.*

Os possessivos

Com valor adjetivo

Os possessivos com valor adjetivo são invariáveis em inglês e sempre <u>precedem</u> a pessoa ou a coisa a que se referem.

Singular		Plural	
my	*meu, meus, minha, minhas*	**our**	*nosso/a/os/as*
your	*teu, tua; seu, sua (de você)*	**your**	*seu, sua, seus, suas (de vocês)*
his	*seu, sua, seus, suas (dele)*		
her	*seu, sua, seus, suas (dela)*	**their**	*seu, seus, sua, suas (deles/delas)*
its	*seu, sua, seus, suas (dele, dela, para objetos e animais)*		

My brother is a doctor. *Meu irmão é médico.*
Peter phoned **his** mother. *Peter ligou para sua mãe (ligou para a mãe dele).*

Our friends are from Leeds. *Nossos amigos são de Leeds.*
They found **their** keys. *(Eles) encontraram suas chaves (as chaves deles).*

Com valor substantivo

Os possessivos com valor substantivo também são invariáveis e sempre substituem o substantivo ao qual se referem.

Singular
mine (o/a/os/as) meu, minha, meus, minhas
yours (o/a/os/as) teu, tua, teus, tuas; seus, suas (de você)
his (o/a/os/as) seu, sua, seus, suas (dele)
hers (o/a/os/as) seu, sua, seus, suas (dela)
its (o/a/os/as) seu, sua, seus, suas (dele, dela, para objetos e animais)

Plural
ours (o/a/os/as) nosso/a, nossos/as
yours (o/a/os/as) seu/sua, seus/suas (de vocês)
theirs (o/a/os/as) seu/sua, seus/suas (deles/delas)

My room's clean, but **hers** is dirty.   Meu quarto está limpo, mas o seu (dela) está sujo.

Ellen has **her** own wardrobe, but she likes to put her things in **his**.   Ellen tem seu próprio armário, mas ela gosta de colocar suas coisas no dele.

Os demonstrativos

Singular
this   este, esta, isto
that   esse, essa, isso

Plural
these   estes, estas
those   esses, essas

This e **these** são empregados para expressar que o ser designado pelo substantivo se encontra próximo do falante, enquanto que **that** e **those** se referem a algo que está distante do falante, entendendo a distância numa acepção ampla, como temporal ou até emocional, e não exclusivamente física.

This painter is really good. *Este pintor é muito (realmente) bom.*
These jeans don't fit. *Estes jeans não me caem bem.*

Os demonstrativos também podem ser empregados como pronomes.

These are the best plums I've ever eaten. *Estas são as melhores ameixas que já comi em minha vida.*

Os pronomes pessoais

Os pronomes pessoais substituem pessoas ou coisas que já são conhecidas ou que já foram mencionadas anteriormente. Nas frases afirmativas, sempre vêm antes do verbo.

Os pronomes sujeito

Diferentemente do que ocorre em português, em inglês os pronomes sujeito são obrigatórios.

Singular		Plural	
I	*eu*	**we**	*nós*
you	*tu, você*	**you**	*vós, vocês*
he	*ele*	**they**	*eles/as*
she	*ela*		
it	*ele*		

<u>Peter</u> works in Germany. ▶ **He** works in Germany.
<u>The wine</u> tastes very good. ▶ **It** tastes very good.
<u>Dan and Jessica</u> live in Italy. ▶ **They** live in Italy.

Os pronomes complemento

Esses pronomes têm a função de complemento direto ou indireto e sempre vêm precedidos de um verbo ou de uma preposição.

Singular		Plural	
me	*me, a mim*	**us**	*nos, a nós*
you	*te, a ti, lhe, a você*	**you**	*os, as, a vocês*
him	*o, lhe, a ele*	**them**	*os, as, lhes, a eles/as*
her	*a, lhe, a ela*		
it	*o, a, a isso*		

My brother loves Susan. ▸ My brother loves **her**.
I'll meet my parents at the pub. ▸ I'll meet **them** at the pub.
She gave the teacher the photos. ▸ She gave **him** the photos.

A interrogação

As perguntas que admitem a resposta "sim" ou "não" são introduzidas em inglês sempre por um verbo auxiliar (**be, do, have**) ou por um verbo modal (**can, will** etc.). Em outras palavras, na interrogação o verbo sempre antecede o sujeito.

It **is** fully booked. ▸ **Is** it fully booked?
I **can** offer you a drink. ▸ **Can** I offer you a drink?
They **are** very elegant. ▸ **Are** they very elegant?

Nas perguntas com **have got**, inverte-se a posição do verbo auxiliar (**have**) e o sujeito.

You **have got** a younger sister. ▸ **Have** you **got** a younger sister?

Nas frases em que só aparece um verbo principal, é preciso acrescentar o verbo auxiliar **do** para formular uma pergunta. A forma do verbo **do** é variável (does) e concorda com o sujeito, enquanto que o verbo principal se encontra no infinitivo.

Carol like**s** American food. ▸ **Does** Carol like American food?
They live in Glasgow. ▸ **Do** they live in Glasgow?
He speak**s** Italian. ▸ **Does** he speak Italian?

Atenção! Em inglês não se formula uma pergunta só com um verbo principal.

Quando queremos formular uma pergunta com uma partícula interrogativa, esta aparece no início da frase.

Where are you?	*Onde você está?*
When did he leave?	*Quando ele foi?*
What did you say?	*O que você disse?*
Who called the police?	*Quem ligou à polícia?*
How are you?	*Como vai?*
Which book did you buy?	*Que livro você comprou?*
Whose car is this?	*De quem é este carro?*
Why didn't you tell me?	*Por que não me disse?*

A negação

Para fazer a negação de uma frase, usamos **not** após o verbo auxiliar. **Not** abrevia-se normalmente como **n't** e vai junto ao verbo. Para haver uma negação em inglês, é preciso um verbo auxiliar (**be, do, have**) ou um verbo modal (por exemplo: **can, must**).

She's from Italy.	▸	She **isn't** (**is not**) from Italy.
Al can play the piano.	▸	Al **can't** (**cannot**) play the piano.

Para fazer a negação de uma frase que só contém um verbo principal, o verbo auxiliar **do** é empregado com a terminação correspondente. No presente são as formas **does not/doesn't** ou **do not/don't**. No passado, **did not/didn't**.

He wears glasses.	▸	He **doesn't** wear glasses.
We work in Italy.	▸	We **don't** work in Italy.
She went to Buenos Aires.	▸	She **didn't** go to Buenos Aires.

Atenção! Numa frase negativa, o verbo principal está sempre no infinitivo, seja no presente ou no passado.

Nas frases negativas com **have got**, a negação **not** coloca-se após o auxiliar **have**. Com **have** e **not**, costuma-se construir uma forma abreviada.

I **haven't got**
you **haven't got**
he/she/it **hasn't got**
we **haven't got**
you **haven't got**
they **haven't got**

There is e *there are*

Com **there is** e **there are** expressa-se a existência de algo. Equivalem à forma portuguesa "há". Se a coisa a que se refere está no singular, emprega-se **there is**; se está no plural, emprega-se **there are**.

There is a café next to the station.	*Há um café ao lado da estação.*
There are many museums in New York.	*Há muitos museus em Nova York.*

Para formular perguntas, inverte-se a ordem.

Is there a bar at the hotel?	*Há um bar no hotel?*
Are there any cafés near the station?	*Há cafés perto da estação?*

As respostas curtas são:

Yes, **there is**. / No, **there isn't**.
Yes, **there are**. / No, **there aren't**.

Os tempos verbais

Em inglês, existem três tempos verbais: o infinitivo, o *past simple* e o *past participle*. Os verbos regulares formam o *past simple* e o *past participle* acrescentando **-ed** ao infinitivo (*walk walked walked*). Na página 111, há uma lista com os principais verbos irregulares.

O *present simple*

O *present simple* é empregado para descrever ações habituais (*She always drinks coffee on Sundays*) e para expressar ações ou fazer afirmações genéricas no presente (*He works in a hotel*). No primeiro caso, às vezes se acrescentam palavras como **usually** ("habitualmente"), **always** ("sempre") ou **every day** ("todos os dias").

No *present simple*, os verbos regulares apresentam apenas duas formas. Assemelham-se ao infinitivo do verbo, exceto na terceira pessoa do singular (*he/she/it*), em que se acrescenta sua devida terminação: **-s**, **-es** ou **-ies**.

I	work	speak	live
you	work	speak	live
he/she/it	work**s**	speak**s**	live**s**
we	work	speak	live
you	work	speak	live
they	work	speak	live

Alguns verbos têm uma forma irregular. São, entre outros, os verbos **to be** ("ser", "estar"), **to have** ("ter"), **to do** ("fazer") e **to go** ("ir").

I	am	have	do	go
you	are	have	do	go
he/she/it	is	has	does	goes
we	are	have	do	go
you	are	have	do	go
they	are	have	do	go

Alguns verbos sofrem alterações na terceira pessoa do singular. Os verbos que terminam em consoante + **-y**, a terminação **-y** transforma-se em **-ies** (tr**y** ▶ *he/she/it tr**ies***). Se o verbo termina em vogal + **-y**, só se acrescenta o **-s** (sta**y** ▶ *he/she/it sta**ys***). Aos verbos que terminam em **-s**, acrescentar a terminação **-es** (cross ▶ *he/she/it cros**ses***).

O *present continuous*

O *present continuous* forma-se com o *present simple* do verbo auxiliar **be** e o verbo principal com a terminação **-ing** (gerúndio). A terminação **-ing** é acrescentada ao infinitivo do verbo (*talk* ▶ *talk**ing***). Atenção! Nos verbos que terminam em **-e**, este **-e** desaparece (*come* ▶ *com**ing***).

I	**am**	walk**ing**
you	**are**	walk**ing**
he/she/it	**is**	walk**ing**
we	**are**	walk**ing**
you	**are**	walk**ing**
they	**are**	walk**ing**

O *present continuous* é empregado: i) para falar de ações que estão se desenvolvendo no momento em que se fala (*She's having a shower*); ii) para expressar afirmações que são passageiras (*I'm looking for a new house*); iii) para falar sobre projetos e encontros que vão se desenvolver num momento concreto do futuro (*I'm going to London next week*) ou para falar de processos, progressos ou tendências (*Our shares are falling*).

A negação faz-se com **not**. Coloca-se **not** sempre depois do verbo **be** (*I'm not talking to you*). **Are not** e **is not** podem ser abreviados como **aren't** e **isn't** (*They aren't staying at the hotel. / He isn't listening.*). Formulam-se as perguntas invertendo a posição do auxiliar **be** e a do sujeito

(*Are you watching TV?*, *What is she doing?*). Nas respostas curtas se repete o verbo auxiliar da pergunta e, se for uma resposta negativa, acrescenta-se a negação.

Are you reading the newspaper?   Yes, I **am**. / No, I'**m not**.
Is he playing in the garden?   Yes, he **is**. / No, he **isn't**.
Are they listening to the radio?   Yes, they **are**. / No, they **aren't**.

O *past simple*

O *past simple* é a segunda forma do verbo e é invariável, ou seja, só há uma forma para todas as pessoas. Nos verbos regulares o *past simple* se forma acrescentando a terminação **-ed** ao infinitivo do verbo (*walk* ▸ *walked*). Se o verbo no infinitivo já termina em **-e**, só se acrescenta o **-d** (*phone* ▸ *phoned*).

O *past simple* é empregado para falar ou de ações que já foram concluídas ou sobre algo que ocorreu no passado. Costuma ser acompanhado de complementos temporais que fazem referência ao passado (por exemplo: *yesterday, last week, a year ago, in 1965*). Atenção! Em inglês é obrigatório o uso do *past simple* para relatar no passado. (Em português, nesses casos, normalmente se emprega o presente histórico).

I **saw** him **yesterday**.   *Eu o vi ontem.*
He **met** his wife **in 1987**.   *Conheceu sua mulher em 1987.*
We **didn't work** in the office   *Não trabalhamos no escritório*
last week.   *semana passada.*

A negação do *past simple* faz-se com **didn't** mais o infinitivo do verbo principal (*They didn't go to the cinema*). As perguntas são formuladas com **did** ou **didn't** mais o infinitivo do verbo principal (*Did they go to the cinema?*).

Nas respostas curtas, repete-se o auxiliar **did** da pergunta e, se for uma resposta negativa, acrescenta-se a negação.

Did he go to the theatre?   Yes, he **did**. / No, he **didn't**.
Did they have a nice weekend?   Yes, they **did**. / No, they **didn't**.

O *present perfect*

O *present perfect* é construído com o verbo **have** no *present simple* e o *past participle* do verbo principal. Nos verbos regulares, a 2ª e a 3ª formas do verbo são iguais, ou seja, acrescenta-se a terminação **-ed** ao infinitivo. Se o verbo já termina en **-e**, só se acrescenta o **-d**.

I	have asked
you	have asked
he/she/it	has asked
we	have asked
you	have asked
they	have asked

O *present perfect* é empregado para expressar ações recentes (às vezes com a partícula *just*), ações ocorridas num momento passado não definido (às vezes com as partículas *ever* ou *never*) ou estados ou ações que tenham começado no passado, mas ainda não foram concluídas no presente ou ainda são de especial importância no presente (às vezes com *since, for* etc.).

There **has** just **been** an accident.   *Houve um acidente.*
I **have seen** that film twice.   *Vi esse filme duas vezes.*
I **have worked** all day and now   *Trabalhei o dia todo e agora*
I want to relax.   *quero descansar.*

A negação do *present perfect* é formada com **haven't** (**have not**) ou com **hasn't** (**has not**).

We **haven't met** him.
He **hasn't called** yet.

Nós não o conhecemos.
Ele ainda não telefonou.

Normalmente vai acompanhado de **not ... yet** ("ainda não") ou **never** ("nunca").

She **hasn't** come **yet**.
I've **never** played tennis.

Ela ainda não chegou.
Nunca joguei tênis.

As perguntas são construídas invertendo-se sujeito e verbo auxiliar.

Have they been to Canada?
Has she told him what happened?

Eles estiveram no Canadá?
Ele explicou o que aconteceu?

Nas perguntas normalmente são empregadas as partículas **ever** ("alguma vez") ou **yet** ("já").

Have you **ever** been to Spain?
Has he phoned **yet**?

Já esteve alguma vez na Espanha?
Ele já telefonou?

Nas respostas curtas se repete o verbo **have** da pergunta.

Have you seen Tom?
– Yes, I **have**. / No, I **haven't**.

Você viu o Tom?
– Sim. / Não.

Has Tom come back?
– Yes, he **has**. / No, he **hasn't**.

Tom voltou?
– Sim. / Não.

O futuro

Há várias maneiras de expressar o futuro em inglês. Uma é com a partícula **will** (sua forma abreviada é **'ll**) seguida do infinitivo do verbo principal. **Will** é invariável, isto é, só existe uma forma para todas as pessoas.

I	**will ask**
you	**will ask**
he/she/it	**will ask**
we	**will ask**
you	**will ask**
they	**will ask**

Will é empregado para decisões espontâneas e, em alguns casos, também para eventos programados.

I'll call you on Monday.	*Eu te ligarei segunda-feira.*
They'll pick you up at the airport.	*Eles te buscarão no aeroporto.*
We'll go to Scotland this summer.	*Este verão iremos à Escócia.*

A negação forma-se com **won't (will not)**.

He **won't come** to the party.	*Ele não virá à festa.*
We **won't be** back today.	*Nós não voltaremos hoje.*

Nas perguntas se invertem o sujeito e as partículas **will** ou **won't**.

What **will you** tell her?	*O que você lhe dirá (a ela)?*
Will Ann be in the office all day?	*Ann estará hoje no escritório o dia todo?*
Won't you give him your phone number?	*Você não lhe dará (a ele/a) seu telefone?*

Nas respostas curtas se repete o **will**, caso a resposta seja positiva, ou o **won't**, se a resposta for negativa.

Will you know him when you see him? – Yes, I **will**. / No, I **won't**.	*Você o reconhecerá quando o vir?* *– Sim. / Não.*

Will she be back soon?	*Ela voltará logo?*
– Yes, she **will**. / No, she **won't**.	*– Sim. / Não.*

Para expressar uma decisão já tomada ou quando há alguma evidência de algo que irá ocorrer, emprega-se a construção **be going to** + infinitivo.

It's going to rain. Look at those clouds.	*Vai chover. Veja essas nuvens.*
What **are you going to do** tonight?	*O que você vai fazer esta noite?*
We're going to have a baby.	*Vamos ter um bebê.*

Com o *present continuous* também podemos expressar futuro. Nós o empregamos para expressar uma decisão que já está tomada e quando especificamos o momento futuro no qual algo terá lugar.

We're getting married next April.	*Vamos nos casar em abril próximo.*
I'm watching the match tonight at my sister's.	*Vou ver o jogo desta noite na casa de minha irmã.*

Dois verbos especiais: *to be* e *to have*

O verbo **to be** ("ser", "estar") é irregular. É empregado como verbo principal (*He is Brazilian*) e como verbo auxiliar (*He is going to London*).

present simple		*past simple*	
I	**am**	I	**was**
you	**are**	you	**were**
he/she/it	**is**	he/she/it	**was**
we	**are**	we	**were**
you	**are**	you	**were**
they	**are**	they	**were**

O verbo **to be** no presente é empregado geralmente de forma abreviada. Nesses casos, omite-se a primera letra do verbo, colocando em seu lugar um apóstrofo, que se une ao pronome pessoal.

I'm
you're
he's / she's / it's
we're
you're
they're

Coloca-se a negação **not** após o verbo.

I'm **not** a taxi driver.   *Não sou taxista.*

Nas frases negativas, existem duas formas de abreviação.

He**'s not** Spanish.	=	He **isn't** Spanish.
You**'re not** Italian.	=	You **aren't** Italian.
They**'re not** tired.	=	They **aren't** tired.
We**'re not** Scottish.	=	We **aren't** Scottish.

No *past simple* só existe uma forma de abreviação.

I **wasn't** at home.   *Eu não estava em casa.*
They **weren't** hungry.   *Eles não tinham fome.*

O verbo **to have** ("ter") é irregular. É empregado como verbo principal (*He has no time*) e como verbo auxiliar (*Where have you been?*).

present simple		*past simple*	
I	**have**	I	**had**
you	**have**	you	**had**
he/she/it	**has**	he/she/it	**had**
we	**have**	we	**had**
you	**have**	you	**had**
they	**have**	they	**had**

No inglês britânico, normalmente se usa **have** com **got**. **Got** é sempre invariável.

She **has got** a brother.	*Ela tem um irmão.*
Have you **got** a dog?	*Você tem um cachorro?*

Have got é normalmente empregado de forma abreviada: I **have got** ▶ I**'ve got**, you **have got** ▶ you**'ve got**, he/she/it **has got** ▶ he**'s**/she**'s**/it**'s got**, we **have got** ▶ we**'ve got**, they **have got** ▶ they**'ve got**.

Alguns verbos modais

Can

O verbo modal **can** é empregado para expressar uma possibilidade, uma habilidade, uma permissão ou um pedido.

I **can** offer you coffee and tea.	*Posso lhe oferecer café e chá.*
Can you speak English?	*Você sabe falar inglês?*
You **can** watch TV if you want.	*Você pode ver televisão se quiser.*
Can you help me?	*Você pode me ajudar?*

Can é invariável e tem duas formas: **can** para o presente e **could** para o passado. Essa forma também é invariável, sendo sua forma negativa **couldn't**.

My grandfather **could** speak five languages.	*Meu avô falava cinco línguas.*

A negação de **can** é **can't**.

I **can't** speak Greek.	*Não sei falar grego.*
You **can't** smoke in here.	*Não se pode fumar aqui.*

As perguntas estruturam-se a partir da inversão do verbo modal e do sujeito. O verbo principal está sempre no infinitivo.

They **can** speak German.	▸	**Can** they speak German?
She **can** play the guitar.	▸	**Can** she play the guitar?
He **couldn't** find the hotel.	▸	**Couldn't** he find the hotel?

Have to e *must*

Have to expressa a necessidade ou a obrigação de fazer algo.

The doctor says that you **have to** stay in bed.	*O médico diz que você deve ficar na cama.*

Must é empregado para fazer hipóteses ou suposições lógicas.

There's someone at the door. – It **must** be Sue. You **must** be tired.	*Há alguém na porta.* *– Deve ser a Sue.* *Você deve estar cansado(a).*

Também se usa para expressar uma proibição.

You **must** not feed the animals at the zoo.	*Não se pode dar comida aos animais no zoológico.*

Também pode indicar um desejo tido como obrigação.

I **must** call my sister. *Tenho de ligar para minha irmã.*

A negação de **have to** e de **must** é feita com **don't/doesn't have to** para expressar ausência de obrigação. **Mustn't** tem outro significado.

You **don't have to** do the military service in this country. *Neste país não é obrigatório prestar o serviço militar.*

Mustn't serve para indicar que não se pode ou que não se deve fazer algo, porque está proibido ou porque não se aceita. Como **can't**, expressa negação, proibição.

You **mustn't** smoke in the office. *Não se pode fumar no escritório.*

Should

Should expressa uma sugestão ou um conselho. Normalmente expressa o contraste entre o que ocorre e o que se considera correto ou justo.

You **should** stop smoking. *Você deveria deixar de fumar.*
You **should** talk to somebody about this problem. *Você deveria falar com alguém sobre este problema.*

A negação de **should** é **shouldn't**.

I **shouldn't** have said that. *Eu não deveria ter dito isso.*
We **shouldn't** support this war. *Não deveríamos apoiar esta guerra.*

Infinitive	*Past simple*	*Past participle*	
be	was/were	been	*ser, estar*
bring	brought	brought	*trazer*
buy	bought	bought	*comprar*
choose	chose	chosen	*escolher*
come	came	come	*vir*
cost	cost	cost	*custar*
do	did	done	*fazer*
drink	drank	drunk	*beber*
eat	ate	eaten	*comer*
feel	felt	felt	*sentir*
find	found	found	*encontrar*
fly	flew	flown	*voar*
forget	forgot	forgotten	*esquecer*
get	got	got	*conseguir, obter*
give	gave	given	*dar*
go	went	gone	*ir*
have	had	had	*ter*
hear	heard	heard	*ouvir*
hide	hid	hidden	*esconder*
hurt	hurt	hurt	*doer, machucar*
know	knew	known	*saber*
leave	left	left	*deixar, partir*
let	let	let	*deixar, permitir*
lose	lost	lost	*perder*
mean	meant	meant	*significar, querer dizer*
meet	met	met	*encontrar*
pay	paid	paid	*pagar*
put	put	put	*pôr*
read	read	read	*ler*
rise	rose	risen	*aumentar, subir*
say	said	said	*dizer*
see	saw	seen	*ver*
sell	sold	sold	*vender*
send	sent	sent	*enviar*
shake	shook	shaken	*agitar, sacudir*
sit	sat	sat	*sentar*
speak	spoke	spoken	*falar*
spend	spent	spent	*gastar*
take	took	taken	*tomar, pegar*
tell	told	told	*dizer, explicar*
think	thought	thought	*pensar*
understand	understood	understood	*entender*
wear	wore	worn	*usar, vestir*
win	won	won	*ganhar, vencer*
write	wrote	written	*escrever*

1ª edição Agosto de 2009 | 1ª reimpressão Novembro de 2016 | **Fonte** Adobe Garamond
Papel Offset 90 g/m₂ | **Impressão e acabamento** Orgrafic